마뜩한 별

일러두기

일부 표기와 문체는 저자만의 고유 스타일임을 알립니다.

살아가며 한 번쯤

작가의 말

취미가 직업이 되길 꿈꾸는 '마뜩한 별'입니다.
짧다면 짧고 길다면 긴 시간을 살아오며
참 많은 일을 겪어왔습니다.

'나'보다 불행한 사람도 '나'보다 어려운 사람도
'나'보다 슬픈 사람도 많다는 사실을 깨달은 순간부터
그 순간의 감정을 기록으로 남기기 시작했습니다.

제가 준비한 '살아가며 한 번쯤'은
사람이라면 피할 수 없는 감정, 관계, 시간을
누구나 한 번쯤 생각해 봤을 글로 풀었습니다.

인간만이 가지고 있는 감정은
우리의 행동과 결정에 지대한 영향을 줍니다.
인간은 혼자서 살아갈 수 없으며,
가족, 친구, 연인, 동료 그리고
그들이 아는 '나'는 서로 영향을 주고 받으며 살아갑니다.

제가 준비한 글이 당신이 한 번쯤 생각했던 것이기를,
당신도 공감할 수 있기를,
당신에게 위로가 될 수 있기를 진심으로 바랍니다.

차례

감정 • 11

후회 / 탓 / 망상이 나를 괴롭힐 때 / 하고싶은 마음
기다림이라는 용기 / 착각 / 보통의 것 / 행복의 기준
감히 / 무미건조 / 불안감 해소법 / 불안감 / 부족함
영감과 공헌 / 용기와 도전 / 사랑과 연결
좋은 결정위로 / 행복의 정의 / 보편 타당
천국은 없다 / 다가서는 이유 / 미완성
감정 드러내기 / 길들여지다 / 솔직하게 말하는 법
번개가 치면 / 막연한 두려움 / 몰입 / 감명 깊은 말
태도 / 빈자리 / 감정의 향기 / 책임

관계 • 47

친함의 기준 / 마침표 / 상처투성이 / 나의 문제

새로운 연결 / 세상을 더 나은 곳으로 / 내려놓기

반짝이는 마음 / 더 넓은 변화/ 변화의 시작

내가 존경하는 사람 / 당신을 위하는 /

자기성장과 발전 / 각자의 기준 / 당신의 오늘

작은 응원과 박수 / 없으면 없는 대로 / 당신의 시간

아름다움 / 밍기적 / 바라옵건대 / 최고의 행복

나 다움을 무기로/ 가려진 천재성 / 무용과 불용

배신하지 않는 / 관계란 / 섬나라/ 하루조각

인간관계 / 어버이날 헌정 / 인연 / 보내지 못한 편지

시간 • 81

역대급 / 현재라는 여정 / 내일의 나에게

선물 그리고 현재 / 지금 다시 시작 / 너머의 삶

어른이 된다는 것 / 어른이란 / 초심 / 한 끗 차이

꿈 / 어느 날 내가 죽었습니다 / 사연 / 빨리감기

바라옵건대 / 멀리보면 / 신이 아니라는 것

기약 없는 미래 / 소브레메사 / 사라지는 것들

상처 / 세 개의 삶 / 오래된 것 / 이를 악 물고

시간의 상대성 / 가장 어려운 일 / 해보지 못한 생각들

도시 식물 이야기 / 습관 / 같은 시간 다른 감정

노래같은 사람 / 가끔 / 시간

감정

후회

누군가 그랬다

후회를 하고 싶어서 하냐고
그냥 돌아보면 하게 된다고

이제 그만 돌아봐도 될 것 같은데
나는 왜 항상 돌아보는 걸까?

달라질 게 없다는 것을
그 누구보다 잘 알지만

오늘도 돌아보는 중

탓

간혹 그런 사람이 있다

분명 당신의 잘못이 아닌데
분명 당신은 잘못이 없는데

모든 일을 자신의 탓으로 돌리는
모든 순간 자신을 숨기며 피하는

간혹 그런 사람이 있다

한없이 착해 빠져서
자존감이 너무 없어서

내 잘못이라고 말하는

망상이 나를 괴롭힐 때

혹시 질문을 받으면 어쩌지
일을 망치게 되면 또 어쩌지
긴장해서 실수하면 어떡하지

불안감에 끌려다니는 것 말고
내가 할 수 있는 건 없을까

그러다 떠오른 생각은
망상도 결국 생각에서 오는 것
그냥 흘러가는 대로 흘리고

망상에 대답을 더해보자

하고싶은 마음

무언가를 하고 싶다는
그런 마음이 들었는데

잘 하고 싶어서
잘 할 것 같아서
잘될 것 같아서

그런데 시작한 후에
포기하고 싶다면

조바심 걱정 불안에 빠져
헤매고 있는 당신이 있다

하지만 기억해야 할 것은
결국 무엇이든 끝이 있다

기다림이라는 용기

이해 안되는 무슨 일이 있더라도
당신이 이해할 수 없게 변한데도

기다린다는 말을 들었다면
믿고 기다려야 옳은 것이다

기다림에는 많은 뜻이 숨겨져 있기에
그 어떤 말보다 많은 용기가 필요했을 테니

착각

가끔 아주 가끔 착각할 때가 있다
내가 마치 세상의 주인공인 마냥
뭐든지 할 수 있는 사람인 것처럼

이 세상에 주인공은 없는데

작은 행운에 큰 의미를 부여하고
작은 성공으로 과거에 집착하며
자신은 특별한 것처럼 다니지만

정작 현실을 가만히 바라보면

그 모든 것은 내 것이 아니었다

보통의 것

나의 최선이
누군가에겐
보통 혹은 그 아래

어쩌면 어디에도
속하지 않을지 모른다

그래서 보통은
항상 두렵고
그래서 기대될지도

행복의 기준

정해진 답이 없는
수많은 질문들

그 질문의 답을
나만의 생각으로

조금씩 조금씩
채워 나가는 것

어쩌면 이런 과정이 쌓여
행복의 기준이 되는 건 아닐까

감히

이제부터 변하겠다
감히 마음먹고
굳게 다짐했다면

그 마음을 조금 더
상상한 것보다 크게
키워야 할 필요가 있다

감히 마음먹은 만큼
힘든 싸움이 될 테니

무미건조

생각만 해도 가슴이 뛰는 꿈
시간 가는 줄 모르겠는 취미
길을 잃지 않는 확신과 뚝심

그게 인생살맛나는건데

매일 똑같은 것 같고
하는 것 없이 바쁘고
흥미가 딱히 없다면

너 지금 덜 바쁜 거야

불안감 해소법

모든 인간은
불안감을 가지고
태어났다

불안감 없는
인간은
세상에 없다

그래서 해소법은
더 큰 불안을
스스로 만드는 것

불안감

어린 시절 나를 떠올리면
그 무엇도 두렵지않았다

세상 혼자 사는 것처럼

지금 와서 생각해보면
감정을 소화하지 않고

뱉어내서 그런 것은 아닐까

부족함

서툰 순간의 작은 실수가
켜켜이 쌓이면 결국에는

의기소침한 '나'가 나온다

나는 이렇게 모자란데
그런 나를 믿는 사람들

그들을 위해 부족함을
만족으로 바꿔야 할 때

영감과 공헌

생각을 뒤집어야 나오는
삶 자체가 될 수도 있는
단조롭다가도 격정적인

영감

어디서도 못 느끼다가
문득 다가오는 영감은
우리가 모르는 사이에

모든 방면에서 공헌이 된다

용기와 도전

열심히 하자 라는 생각
다짐에는 실체가 없다

어떤 상황에서 무엇을
왜 열심히 해야 한다는
구체적인 것이 없기에

다짐이라는 용기를 냈다면
실행이라는 도전을 해보자

사랑과 연결

세상은 혼자 살아갈 수 없기에
누구나 관계를 원하고 만든다

그 관계는 수 많은 유형으로
늘 옳지만은 않을 수도 있다

다만 본인이 느끼기에
주변사람이 바라볼 때

아름다워 보인다면

그렇게 보인다면

좋은 결정

내 생각에 옳아 향한 일
내가 자원해서 받은 일
내가 어쩔 수 없이 한 일

그 어느 것도 결과를 알 수 없다

다만 할 수 있는 것은
끊임없이 노력하는 것
매 순간에 최선을 다할 것

결국 좋은 감정을 만드는 것

위로

지치고 힘든 나를 위한 필수품
고난과 절망에 대항할 수단

위로

하지만 꼭 슬프고 고통스러울 때
위로를 받고 또 쓸 필요는 없다

나를 붙잡는 한 마디 말이나
내가 좋아하는 한 가지 일이
내 마음속 골칫덩이를 날려주는

위로가 될 테니

행복의 정의

행복이란 무엇일까
이 심오하고 어려운 질문은
정답이 없기에 오직 나만의

잣대와 기준으로 완성된다

내가 생각하는 행복은
반복되는 일상에서도
소소한 만족감을 느끼는 것

작은 행복을 자주 느끼는 것

보편 타당

모든 것에 두루 미치거나
통하는 것

일의 이치로 보아
옳은 것

그저 다수가 정한
기준

천국은 없다

도망쳐서 도착한 곳
그 어디에서도 천국은
존재하지 않는다

피하기 전에 먼저

내가 무엇을 해왔는지
내가 무엇을 얻었는지
내가 무엇을 외면한지

당신은 포기할 사람이 아니다

다가서는 이유

내 마음이 표현하지 않으면
안 될 것처럼 너무 커버려서

부담이 될까봐 무서워도

타이밍이 안 맞아서
사정이 좋지 않아서
그 어떤 이유든 그저

운명으로 만들고 싶어서

미완성

어쩌면 가장 보잘 것 없는
누군가에게는 별 볼일 없는
완성되지 못함에 붙는 이름

미완성

완성으로 가는 길일까
그저 경험으로 남길까
혹시 완성인 건 아닐까

결정과 선택은 당신의 몫

감정 드러내기

본인 감정을 드러내지 않는
사람의 이유는 다르겠지만
대부분 이런 이유가 아닐까

눈치가 보여서
피하고 싶어서
참으면 끝나서

반대로 생각하면 해결되는데

이세상은 자유롭게 표현하는
사람을 이상하게 보는 이상한
그런 세상이 된 것 같다

길들여지다

우연히라도 만나기를 고대하고
무슨 방법으로든 더 함께하고픈

이 짧은 두 줄을 쓰며 떠오른 말

당신을 그리며

솔직하게 말하는 법

마음을 솔직하게 전하는 것

이것이 어렵게 느껴진다면
당신은 솔직한 적이 없거나
마음을 전한 경험이 없는 것

누구나 처음은 두렵고
두려워하다가 어렵고
어려워하다 포기하니

그러니까 지금 바로 말해 보자

사랑한다고 고맙다고 미안하다고

번개가 치면

번쩍거림 뒤에 잠시만 시간이 지나면
뒤따라 오는 울부짖음 소리가 들린다
함께하고 싶지만 결코 그럴 수 없어

그저 멀리서 서로를 지켜볼 뿐

그래서 그토록 슬프게 들리고
그래서 그렇게 세상을 흔들고
그래서 큰 소리로 외치나보다

서로에게 다가갈 수 없음을 알기에

막연한 두려움

확실한 길을 정하지 못하고
여러 방면으로 노력하지만
그 노력이 맞는지 모르기에

답답하고 막막할 때

선택의 끝을 생각하지 말자
너무 먼 곳을 바라보지 말자
불안해하며 돌아보지 말자

아주 작은 떨림이 큰 울림이 될 테니

감명 깊은 말

어떤 말은 힘들여 외우지 않아도
머릿속 어딘가에 머물러 있다가
중요한 순간에 툭 하고 나타난다

누군가를 위로하는 말
누군가를 교육하는 말
누군가를 설득하는 말
누군가를 응원하는 말
누군가를 이해하는 말

내가 적는 이 짧은 글이
내가 하는 한 마디 말이
당신에게 감명 깊게 닿기를

몰입

무언가에 깊게 빠져드는 것
아무리 힘들어도 움직이는 것

누군가는 너무나도 쉽게 하는 것
누군가는 미친 듯이 원하는 것

명확한 동기로부터 이루어지는 것
왜 라는 질문보다 어떻게를 묻는 것

태도

타인의 시간을 신경쓰는 조감
관찰과 배려에 기인하는 공감
감정적으로 치우치지 않은 논리
대화를 주고 받을 줄 아는 사고
적이 될 일을 방지할 수 있는 존중

이 모든 것이 모여 만들어지는 태도

어느 하나 균형이 무너지거나
피치 못할 사정으로 상실하게 될 때
그 사람은 치명적인 낙인이 찍힌다

무례 라는 이름의 낙인

빈자리

처음에는 그저 허전한 느낌
시간이 지나며 신경쓰이고
익숙함을 느껴야 하는데

좀처럼 익숙해지지 않는 이유는

이야기가 가득 차 있음이라

함께 보낸 시간만큼
웃었던 일과 오해했던 일
화나는 일과 슬펐던 일

어쩌면 빈자리로 두고 싶은 마음이라

감정의 향기

오래도록 감정이 남는 이유는
생각보다 거창하지 않다

내 기분에 따라서
혹은 그 날의 날씨
아니면 사람이거나

기억에 남는 일
기억에 남길 사건
기억에 각인된 말

그 모든 것들이 모르는 사이
향기와 함께 기억에 남아

잊을 수 없을 뿐

책임

누구나 한 번쯤은 겪는 일

길거리에서 고양이를 마주쳤을 때
안락사가 결정된 강아지를 볼 때
버려진 물건이 쓸모 있어 보일 때

힘들어하는 누군가를 돕고 싶을 때

하지만 어느 누구도 생각만 할 뿐
웬만해선 나서지 않는다
물론 그걸 나쁘다고 말해선 안된다

순간의 감정에 휩쓸려 버리면
책임이란 이름에 눌려버릴 테니

관계

친함의 기준

만약 네가 나에게 말을 건다면
우리의 사이에 거울이 하나 있을 거야
너는 거울에 비친 모습만 보겠지

나를 볼 수는 없을 거야

네가 만약 거울 뒤에 있는 나를 보려고
거울을 깨게 되는 날이 온다면
너도 그리고 나도 많이 아플 거야

하지만 그제서야 우리는 서로를 보겠지

마침표

문장의 끝을 알리는 마침표

살아가는 길에도 마침표 같은
이정표가 있으면 참 좋겠지만

타인의 마침표를 찍는 사람은
누구도 그리고 어디에도 없다

수없이 많은 시간과 경험에서
만신창이가 돼 본 사람만이 아는

자신만이 가진 확신의 마침표

상처투성이

세상이 너무 불안정하고
세상이 미쳐 날뛴다 해도

두려워하지 말아라

모두 상처투성이로 살아가니
그저 상처를 숨기고 살아가니

나의 문제

사람을 너무 많이 믿는 것
내 모든 것을 보여주는 것
작은 행동에 의미 두는 것
나를 희생하며 감싸는 것
아파하면서 놓지 않는 것

이것을 문제라고 느끼는 것

새로운 연결

결국 세상을 만드는
모든 것은 연결이다

연결과 연결이 모여
새로운 연결이 되고

새로운 연결은 결국
사회란 것을 만든다

나아가 이 세상이
연결되는 것이다

세상을 더 나은 곳으로

세상에 대한 불만
불의에 대한 반발

이런 문제를 해결하려 하면
늘 따라오는 것은 자격이다

너에게 그럴 자격이 있느냐

자격이란 게 필요할까
함께 사는 세상인데

내려놓기

어렸을 때 내가 좋아하던
그 수많은 것들이 이렇게
쉽게 잃을 거라는 상상은

한 번도 없었는데

시간이 지나고 남은 것은
텅 비어버린 내 모습뿐
그래서 다시 한 번 내가

채워질 수 있게 내려놓는다

반짝이는 마음

뭉개뭉개 구름 속에서
하늘하늘 떨어지는 눈송이
어느새 주변이 밝다 느끼면

소복이 쌓여 있는 눈
그 사이 잊지 말라는 듯
반짝반짝 존재감을 내는
저 작은 알갱이들

마치 우리 내 마음처럼

더 넓은 변화

우리는 주머니 속에 있는
작고 네모난 창을 통해
많은 것을 누릴 수 있다

정말 그렇게 누리고 있을까

누릴 수 있는 사람만
찾을 수 있는 사람만
관심 있는 사람만

그게 진짜인지 모르고

그저 그렇게 누리고 있다

변화의 시작

아주 사소한 계기와
굳건한 마음가짐이
변화를 만들어낸다

시작은 항상 생각지도 못한
망상 혹은 불편에서 나오며
생각보다 훨씬 힘들기 마련

그럼에도 변화는 시작된다

내가 존경하는 사람

자신의 본업에 열정적이고
시장의 흐름을 잘 파악하며
행동으로 보여주는 사람들

자신의 상처를 드러내고
같은 상처가 생기지 않게
조언을 아끼지 않는 사람들

곁에 둔 사실이 감사하고
앞으로도 함께할 수 있도록

나 자신을 존경할 수 있도록

당신을 위하는

나는 외로워
나는 혼자고
나는 힘들어

고립 은둔 외톨이라는
이름표를 달고 다닌다

그렇지만 이런 나도
당신을 응원하고 있는 것을

잊지 않아주길 바란다

자기성장과 발전

남들이 뭐라건 그냥 하자
내 인생 대신 살아줄 것 아니니

내가 뱉은 말은 꼭 지키자
나조차 나를 못믿기 전에

시기심과 질투를 버리자
혼자 느끼는 자격지심이니

각자의 기준

기초와 토대를 뜻하는 '기'
정확하다는 뜻을 가진 '준'
두 자가 모여 만들어진 '기준'

과연 기준은 정확할까

내가 생각하는 기준과
네가 생각하는 기준이
결코 같을 수 없는데

단어 하나조차 복잡하다

당신의 오늘

무언가 반드시 하리라
다짐하고 각오했는데

어김없이 나오는
미루는 습관

나의 오늘에는
미완과 미룸이 가득하지만

당신의 오늘은
집중과 완수가 가득하길

작은 응원과 박수

우리는 참 많은 이름을
가지고 또 부르며 살아간다

누군가의 형제
누군가의 동생
누군가의 자녀

각자의 자리에서
제각기의 이름들에

최선을 다하는 당신에게

오늘도 수고 많으셨습니다

없으면 없는 대로

처음부터 끝까지
계획대로 움직이는 것
그것도 물론 좋지만

예상치 못한 상황과
변수에서 오는 당황
그 정신나갈 것 같은 일이

우리를 성장하게 만든다

당신의 시간

마음이 이끄는대로
길을 걷다가 보면

조금 오랜시간이 들더라도
때로는 돌아갈 것 같아도
놀랍도록 뚜렷하게 나아간다

당신의 마음도
당신의 시간도
당신의 것 이니 멋지게

그렇게 걸어가길

아름다움

보기에 좋고 예쁜 것
결국 저마다 다른 것
타인이 판단한 정의

그렇게 휘둘리다 보면

남는 것은 물음표 뿐
스스로를 관조해보면
느낌표가 되는 순간

아름다움을 발견한다

밍기적

일어나기 싫어서 밍기적
할 일이 많아질까 밍기적
무엇도 하기 싫어 밍기적

어쩌면 기적을 일으키기 위해
힘을 아끼고 있는 것은 아닐까

바라옵건대

수 천자의 글자 중
단 한 줄 일지언정
감동을 줄 수 있게

나의 경험과 내 역량이
한곳에 뭉쳐 있지 않게

보다 넓은 세상을 볼 수 있게

이렇게 해낼 수 있게 하소서

최고의 행복

누구나 행복한 삶을
마음껏 누리길 바라
평온하길 갈망하나

그 때문에 불안하고
걱정이 끊이지 않고
이상한 망상을 한다

일어나지 않은 일을 걱정하지 마라
머릿속에 그리며 대비하지 말아라
찾아올 일은 원치 않아도 오니까

현실에 충실하고 주어진 것에 진심을 다하라

나 다움을 무기로

살면서 단 한 번도 하지 않은 것을
찾아 하려고 할 때에 확신이 없고
망설여지는 이유는 멀리있지 않다

그다지 와닿지 않는다거나
혹은 나와 어울리지 않거나
결국 내가 원하지 않았거나

직접적으로 혹은 간접적으로
수많은 경험을 하는 우리는
무의식적으로 찾는게 아닐까

내가 나 다운 모습으로

가려진 천재성

모든 사람은 타고난 천재성이 있다
때문에 그 사람에게 맞는 일이 있다
하지만 누구도 확신있는 사람은 없다

자신의 확신을 주변에서 덜어버려서

집에서는 부모님과 친인척이
학교에서는 선생님과 친구들이
직장에서는 동료거나 상사들이

가려진 안대를 푸는 그 순간 당신은

대단한 사람이 될 것이다
반드시

무용과 불용

쓸모가 없는 것
쓸데없는 것
그 기준을 정하는 것

당신의 마음이 떠났다면
당신의 열정이 식었다면
당신의 생각이 변했다면

그 순간 소중한 추억과
경험 그리고 기록들이
빛을 잃어갈 것이다

마치 빛난 적 없던 것처럼

배신하지 않는

어떤 순간에도
당신을 배신하지 않는
그런 존재가 있다면

믿으시겠습니까

놀랍게도 그 존재는
쉽게 떠올릴 수 없다
아주 당연하게도

거울을 보면 있으니까

관계란

선택하는 것이 아닌
가꾸어 나가는 것

눈치 보는 것이 아닌
편안하게 생각하는 것

조바심 내는 것이 아닌
지켜보고 응원하는 것

결국 이 안에도
정답이 없는 것

섬나라

모두가 우산을 쓰고
저마다의 방식으로
각자의 목적지를 향한다

누구는 핸드폰을 보고
누구는 노래를 듣고
누구는 그저 걸음을 재촉하며

비는 사람들에게
제한된 공간이란 것을
원하던 아니던 선물한다

위에서 보면 작은 섬나라 같은
아주 제한된 공간을

하루조각

나의 하루를 조각내서
가장 작은 시간의 파편
그리고 기억의 조각을

정성스럽게 모아두면

어떤 것을 고민하는지
무엇을 취미로 하는지
어떤 생각을 하는 건지

한 눈에 볼 수 있다

온통 너로 가득 찬 모습을

인간관계

만약 내가 주는 만큼
딱 그만큼만 주고받는
인간관계라면

문득 이런 생각이 들었다

나는 잘 살고 있는 게 맞나
내 힘듦이 누군가에게
그저 거짓말로 생각된다면

말하는게 약점을 늘리는건 아닐까

어버이날 헌정

당신을 원망하고
당신을 증오하고
당신을 저주했던

지나간 시간들이 후회로
남겨져 있지는 않지마는

그것이 잘 되길 바라는 마음이며
그것이 부모의 도리라는 사실과
그것이 당시에 최선이라는 것을

이제는 조금 이해해 보려 합니다.

인연

사람과 사람이 만나면
필연적으로 관계가 생기고
그 관계 속에서 우리는

소통하고 성장하고
대화하고 친해지고
이해하고 공감한다

이는 시간과는 관계 없는
절대적인 인연의 힘
찾아온 인연은 소중하게

물론 영원한 것은 없지만

보내지 못한 편지

나를 원망하여도 좋소
당신에 비해 한 없이 부족한
나를 허락해줘 고맙소만

지금은 그대와 함께할 시간보다
앞으로 살아갈 우리의 이 나라가
나의 조국 그대의 조국 나아가

우리의 조상의 영령이 남아있는
오직 우리가 만들어낸 모든 것
우리의 혈육이 살아갈 이 땅이

지금보다 행복하길 바랄 뿐이오

그저 자랑스러운 남편
존경하는 아버지가 되고 싶을 뿐이오

시간

역대급

대대로 이어 내려오던 것
그 가운데 가장 높은 수준

칭찬이 될 수 있는 동시에
욕보다 심한 말이 되는 것

뒤에 무엇을 붙이느냐
어떤 것과 함께 쓰는가

선택은 역대급으로

현재라는 여정

지금의 나 라는 존재

사실 어디에도 없다
지금을 인식한 순간
사라져버리기 때문에

현재는 그렇게 사라진다

내일의 나에게

지금 일어난 일은
오히려 잘 된 일이다

비록 지금은 걱정으로
휩싸여 어지럽고
마음이 불편하겠지만

지나고 나면 다
잘 된 일이다

선물 그리고 현재

처음으로 직접 느낄 수 있는
지금의 시간

순식간에 과거가 되는 그 시간

당신을 만난 그 순간도
소중한 것이 생긴 때도
행복한 기억을 쌓을 때도
현재이기 때문에 선물 같은 것

지금 다시 시작

넘어지면 일어나면 되고
멈췄으면 다시 가면 되고
실수하면 수습하면 된다

돌이킬 수 없는 일도 있지만

겁먹어서 안 하고 있을 뿐
일단 시작하면 어떻게든
되돌릴 수 있다

너머의 삶

다시는 돌아갈 수 없는

기억조차 없는 갓난아기
모든 것이 새로운 어린아이
다르다고 생각하는 청소년기

너희들의 선택이 만든
지금의 내가 있고
나는 또다시 선택하고

저 너머의 삶으로

어른이 된다는 것

좋아하는 간식이 사라지고
즐겨가던 장소가 바뀌고
시간 가는 줄 모르던 놀이가

더 이상 재미없어지는 것

애타게 찾아도 없음에
상실감과 허전함을 느끼며
사라지지 않은 것에 기대며

또 한 발 어른에 가까워진다

어른이란

단순히 나이가 찼다고
얻을 수 있는 타이틀이
결코 아니다

걸맞는 행동과 태도
상황 대처와 이해
경험에서 나온 겸손

이것이 어른이라
불리우는 사람이
갖춰야 할 것이다

초심

처음에 먹은 마음
그 마음이 향하는 곳에
성공이 있기 마련

하지만 초심은 결국
작심삼일로 바뀌고
실패가 더 가까워지는데

반전 하나 그 실패가 쌓이고
모여서 성공이 된다는 것

한 끗 차이

고생은 곧 경험이고
생존은 생활과 다르지 않고

치기어린 객기 역시
누군가에겐 거대한 도전이다

웅장한 신념도 가능성에 따라
망상으로 치부되는 세상에서

그 한 끗이 뭐라고

꿈

자는동안 마치 깨어있는 듯
여러 가지를 보고 듣고
경험하는 현상

혹은 내가 정말 이루고자

그 어떤 희생도 불사하고
반드시 실현하고자 하는
희망적인 이상

이 두 의미 모두 꿈인 이유는
헛된 기대가 낳은 산물일지도

어느 날 내가 죽었습니다

누군가에게는 평범한
누군가에게는 소중한
누군가에게는 독특한

내가 죽었습니다

특별하다면 특별하다 할 수 있고
그냥 별볼일 없는 날일 수도 있고
기억은 안나지만 무슨 날인 듯 한

어느 날 내가 죽었습니다

사연

비가 내리는 텅 빈 운동장
그 한 가운데에서
하릴 없이 걷고 있는

한 소년이 있다

비를 피할 생각이 없는지
춥지도 않은지
그저 걷기만 하는 소년

그 소년의 사연은 무엇일까

빨리감기

같은 시간에 더 많이 보려고
빨리 본 다음 한 번 더 보려고
그냥 뭔가 습관이 되어서

재생속도를 바꾼다

하지만 때로는 온전히
시간에 흐름에 따라
그저 아무런 생각없이

몸을 맡겨보는 것은 어떨까

바라옵건대

치우친 판단을 하지않게 하소서
항상 친절함을 잊지 않게하시고
타인의 말에 굳건히 서게하소서

가정의 평화가 깨지지 않게 하시고
작은 행운이 늘 가까이 있게 하소서
떳떳하게 세상 앞에 설 수 있는 사람

그렇게 기억에 남는 사람으로 사용하소서

멀리보면

하루하루 치열하게 그리고
즐겁게 살아야 한다 비록
지치고 힘들더라도 반드시

멀리 보라고 훗날을 생각하라고

그런 말에 현혹되서는 안된다
시간은 절대적이고 상대적이라
절대로 공평하지 않기에

멀리보면 성공한 사람들
혹은 심해까지 떨어진 이들

그들을 보며 의욕을 잃을테니

신이 아니라는 것

사람이 태어나
아무것도 모르는 그 때
할 수 있는 것은

그저 우는 것 뿐인 그 때

울기만 하면 해결된다
배고픔도 불편함도
심지어 고통까지도

하지만 아무리 울어도
해결되지 않는 것이 생긴
바로 그 순간

부모님이 신이 아니라는 것을
깨달은 그 순간
말을 하기 시작한다

기약 없는 미래

내가 보낸 시간들이
생각보다 견고하지 않다는
어쩌면 당연한 사실이

생각보다 받아들이기 힘들다

평생 내 옆에 있을 사람보다
평생을 나를 흔드는 사람이 많고
내 삶이 무너지는게 더 많으니

평생 영원 특별

안녕

소브레메사

빈 접시를 앞에 둔 채
이야기를 나누는 시간

술잔을 기울이며
지난 추억을 되뇌이는 시간

비우고 채우고 반복하며
서로의 관계를 상기하는 시간

우리가 살아가는 이유이자
나를 되돌아보는 시간

사라지는 것들

한 살 두 살 나이를 먹으며
그와 동시에 한 해 두 해
연도가 지나간다

늘 함께 있던 놀이터
심장 졸이는 뽑기가 있던 문구점
분명 맛있게 먹었던 분식집까지

소중한 기억이 남아있는 장소는
커버린 우리들이 기댈 수 없게
하나 둘 사라져 간다

지친 몸과 마음을 뉘이고 싶지만
이미 사라진 것 들

상처

나는 왜 다 끌어안고
힘들어하고 있을까

나는 왜 그때 시간에
멈춰서 나아가지 못할까

칼같이 잘라내고 싶지만
그러지 못하는 이유는

상처조차 추억으로
간직하고 있어서 일지도

세 개의 삶

사람은 누구나 세 가지 모습이 있다

공적인 공간에서 보여지는 나
개인적인 시간 속의 나
알리고 싶지 않은 비밀스러운 나

너를 정말 잘 표현하려면
그 모든 나의 모습을
하나로 합치려는 노력을 하거나

그 누구에게도 다른 모습을
보여주지 않는다면
완벽한 존재로 비춰지지 않을까

오래된 것

흐름이라는 것이 있다

고인 것은 썩기 마련이고
막히면 쌓이기 마련이다

하지만 버릴 수 없는
버리고 싶지 않은
그 이유는 어쩌면

함께 보낸 시간 때문
함께 겪은 희노애락

그냥 정이라고 하자

이를 악 물고

몸 조리를 할 시간 따위
오늘 죽어도 좋을 만큼
내 나름의 필사적으로

하루하루 진심을 다한 지금

전에 그토록 원하던 일들을
한 가지 두 가지 이루며
가지지 못할 것을 가진다

하지만 아직 멀었기에
앞으로도 끊임없이
교만하지 않고 태만하지 않게

시간의 상대성

한 번쯤은 꼭 찾아오는
가장 행복한 순간
그 시간을 떠올리면 나쁜 일이
찾아와도 이겨낼 수 있는

한 번쯤은 꼭 찾아오는
혼자 이겨내랴 하는 시간
짧지만 너무 긴 듯한

이렇게 상대적인 시간

가장 어려운 일

같은 시간에 일어나기
규칙적으로 숨 쉬기
정해진 시간에 밥 먹기
생각하고 말하기
시작한 일은 끝내기

그리고 유지하기

해보지 못한 생각들

만약 내가 그랬다면
다른 결과였지 않을까

만약 그때 했었다면
지금 여기에 없지 않을까

그저 망상이지만
잠깐 기분 좋아지고

시간 잘 가는 생각들

도시 식물 이야기

사람들이 잊어도 오래도록
버틸 수 있는 나 선인장이
진정 이 도시에 어울리는 식물이지

유려한 선으로 사람들을
홀리고 쉽게 죽어 관심을 이끄는
난 이야말로 이 도시에 어울리지

오랜 시간 정성들이지 않으면
만들 수 없는 투박한 곡선
소나무 분재야말로 도시 식물이지

길들여진 순간 너희는 살아도
죽어도 그냥 식물일 뿐이란다

습관

누구나 가지고 있다
찾았는지 아닌지
차이가 있을 뿐

좋은 것도 있고
나쁜 것도 있다
구분이 모호할 뿐

시간이 지나면 알게 된다

같은 시간 다른 감정

같은 시간 속에
같은 곳을 바라보고
같은 음식을 먹고

같은 감정을 공유할 때에는
참 행복하고 소중하지만
서로를 너무나 잘 아는
남이 되었기에
전과 같지 않은 기분
전과 다른 생각으로

시간만 공유하는 순간

노래같은 사람

무심코 떠오르는
잊었다가도 궁금한
나도 모르게 흥얼거리는

그런 사람이 된다면

당신에게 힘이 되고
때로는 위로가
가끔은 반성의 시간을 주는

그런 사람이 될 수 있다면

가끔

가끔 아주 가끔씩
수많은 알람을 남기고
저절로 눈이 떠지는

그런 순간이 있다
그것도 아주 정확한
시간에 떠진다

딱히 뭘 하는 것은 아니고
그 시간 나름대로 충실하게
보내야 한다는 건 사실이나

대신이라고 하기엔
뭐하지만 그래도
기분은 좋을 거다

시간

시간이 지나면 익숙해진다
시간이 지나면 잊게 된다
시간이 지나면 해결될 거다

그렇게 쉽게들 말하는데

시간이 지나면
익숙해질 뿐이다

그리움도 슬픔도

점점 몸을 불려간다

마뜩하다

: 제법 마음에 들 만하다.

읽어 보면 좋은 시집
- 살아가며 한 번쯤

1판 1쇄 발행 2025년 6월 23일

지 은 이   마뜩한 별
발 행 인   한송이
발 행 처   한송이 출판사

문   의   chaekyeojung@naver.com
등록번호   제 2024-000112 호
등록일자   2024년 8월 13일

ISBN   979-11-988946-2-5 (13800)

· 이 책의 판권은 한송이 출판사에 있습니다.
· 이 책의 저작권은 마뜩한 별에 있습니다.
· 책 내용의 전부 또는 일부를 이용하려면 출판사의 동의를 받아야 합니다.